Marche à suivre...

Dans les tableaux sur l'environnement qu'Easton te fera découvrir, tu dois repérer une foule d'éléments précis et plusieurs personnages célèbres. Pour te guider, sers-toi de la section **Repérage dans les tableaux** que tu trouveras vers la fin du livre : elle t'indique les éléments et personnages à repérer dans chacun des tableaux.

Ensuite, à la page suivante, tu dois essayer de répondre aux 62 questions relatives à l'environnement. Pour y arriver, tu disposes d'une **carte illustrée**, d'un **lexique sur l'environnement** et d'une **carte du monde** technique.

Bon voyage!

AVERTISSEMENT!

Ce livre renferme des scènes qui peuvent influencer et même transformer certains lecteurs, les incitant à améliorer leur comportement vis-à-vis l'environnement. Ce livre est interdit aux irresponsables!

Coédité en Europe francophone avec Hélyode Éditions 58, rue Saint-Pierre B-1000, Bruxelles
Dépôt légal - Bibliothèque nationale du Québec 1993 Dépôt légal Belgique : D/1993/5987/10 ISBN : 2-87353-051-0
© 1993 Éditions Proméga Inc. Daniel Houle 1462, boulevard De Maisonneuve Est, Montréal (Québec) H2L 2A9 Fax : (514) 522-6567
Tous droits de traduction, de reproduction et d'adaptation strictement réservés pour tous pays.
Imprimé en Belgique en 1993 par PROOST, Turnhout.

Les grands reportages interactifs d'**EASTON**

S.O.S. TERRE

▼ **2** ▼

AUTOUR DU MONDE

—Al Daniel—

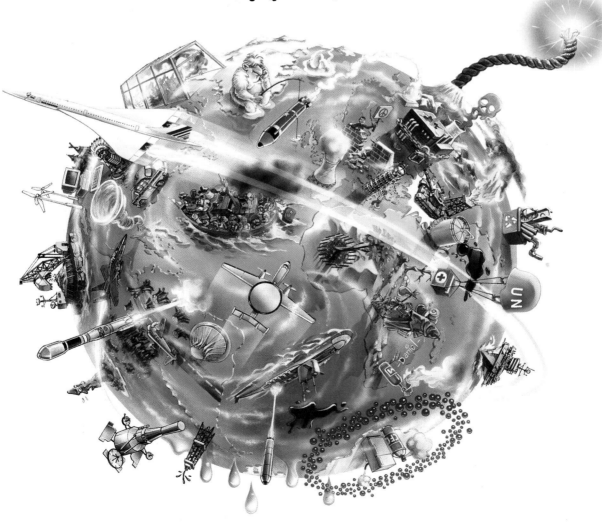

Les grands reportages interactifs d'**EASTON**

Cristalle! C'est Easton. J'ai enfin reçu l'accord des Éditions Hélyode/Proméga pour réaliser le deuxième grand reportage interactif **S.O.S. TERRE**. Il nous permettra de faire un passionnant voyage **AUTOUR DU MONDE**. Retrouvons-nous à la dernière escale, d'accord?

CLIC!

Ami lecteur, amie lectrice, êtes-vous prêts à m'accompagner durant ce grand reportage?

Entre autres, nous scruterons ce qui se déroule sur un champ de bataille, nous passerons au travers d'une grande zone industrielle et nous nous rendrons même là-haut... dans l'espace infini!

Si oui, suivez-moi! Nous irons voir ce qui se passe dans les campagnes, sur le littoral des mers et des océans, dans les pays en voie de développement, etc.

Ce reportage a pour but essentiel de nous faire prendre conscience des difficultés que l'homme éprouve à s'adapter à son milieu. Malgré les nombreux progrès qu'il a réalisés grâce à ses connaissances sans cesse en développement, il a trop souvent nui à son environnement, hélas!

Sans toutefois renier le progrès ni rêver d'un monde utopique, il est du devoir et de la responsabilité de chacun d'entre nous de s'informer et d'agir. Ainsi, arriverons-nous à faire de notre monde un endroit où il fait bon vivre.

Tel est l'objectif de ce grand reportage interactif **«S.O.S. TERRE AUTOUR DU MONDE».**

LES CAMPAGNES

Patrimoine naturel et culturel, véritable grenier de nos ressources alimentaires, les campagnes sont un élément essentiel à l'équilibre de l'homme. Pourtant, l'agriculture utilisant à outrance des produits chimiques, le braconnage, les feux de forêt et la pollution des cours d'eau y causent des dommages souvent irréversibles. Le respect et une saine exploitation des campagnes seraient un héritage précieux à transmettre aux générations futures.

LA MER ET LE LITTORAL

Les plages, les mers et leurs littoraux rocheux ou boisés sont des lieux qui nous font souvent rêver. Pourtant, ces merveilleux sites sont de plus en plus menacés de dégradation causée par une surexploitation dans tous les domaines. Les richesses de la nature ne sont pourtant pas indestructibles et inépuisables. Nous nous devons de protéger ces endroits où l'existence de la faune et de la flore est si fragile.

LES PAYS EN VOIE DE DÉVELOPPEMENT

La pauvreté, la guerre, les terres arides et l'attrait de la modernité ont poussé les populations des pays en voie de développement à se réfugier dans les villes qui, par manque de moyens, ne leur offrent qu'une vie souvent pénible et sans espoir. Dans certains pays, l'explosion démographique est une bombe à retardement qu'il faut désamorcer sans tarder.

FAIM ET SURPOPULATION

Le manque de ressources et de terres arables, la rareté de l'eau potable, les conflits armés persistants et la surpopulation sont dans certaines contrées d'Asie et du Tiers-Monde les principaux facteurs qui nuisent à la qualité de vie de l'homme et de son milieu. Souvent ignorés des sociétés plus riches, ces pays espèrent surtout aide et compréhension de notre part afin de retrouver espoir, progrès et fierté.

ARMES ET GUERRE

Que de vies sacrifiées. Que de sites détruits et pollués. Que d'argent gaspillé. Que d'énergie dépensée pour des causes trop souvent insignifiantes au nom de cette stérile vanité humaine : vouloir dominer autrui par les armes. Tout le monde est d'accord pour affirmer que la violence ne règle rien. Mais qui fera les premiers pas pour interdire définitivement toute guerre au profit d'une paix durable?

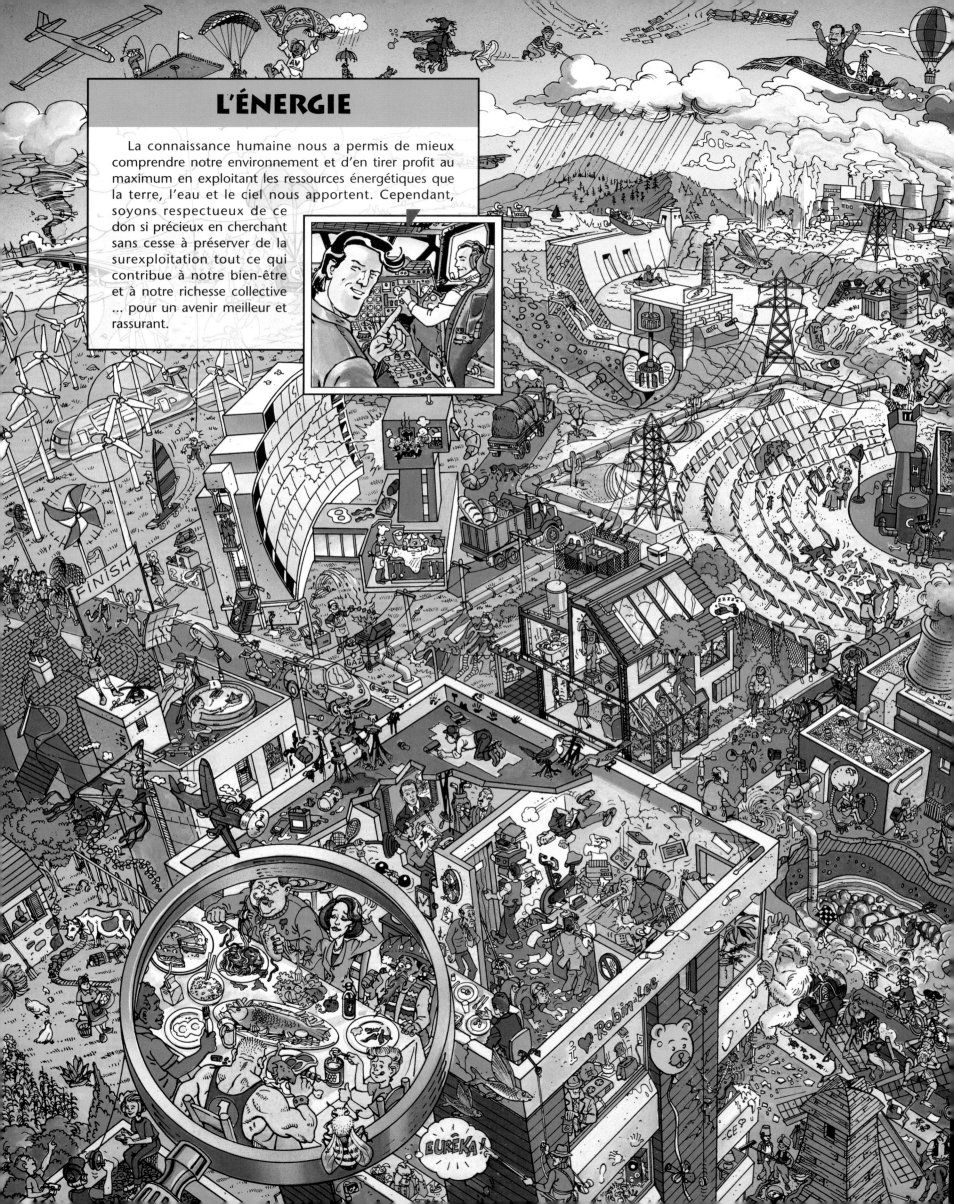

L'ÉNERGIE

La connaissance humaine nous a permis de mieux comprendre notre environnement et d'en tirer profit au maximum en exploitant les ressources énergétiques que la terre, l'eau et le ciel nous apportent. Cependant, soyons respectueux de ce don si précieux en cherchant sans cesse à préserver de la surexploitation tout ce qui contribue à notre bien-être et à notre richesse collective ... pour un avenir meilleur et rassurant.

L'ESPACE

Afin de se surpasser, l'homme est allé explorer l'espace, espérant y atteindre de nouveaux sommets et pousser encore plus loin, plus haut, les limites de ses connaissances. En y laissant toutefois sa trace... Car, même si l'univers semble illimité, la pollution de l'espace est aujourd'hui une réalité. Il serait temps d'y penser sérieusement avant que le ciel ne nous tombe sur la tête... comme le craignaient nos ancêtres les Gaulois!

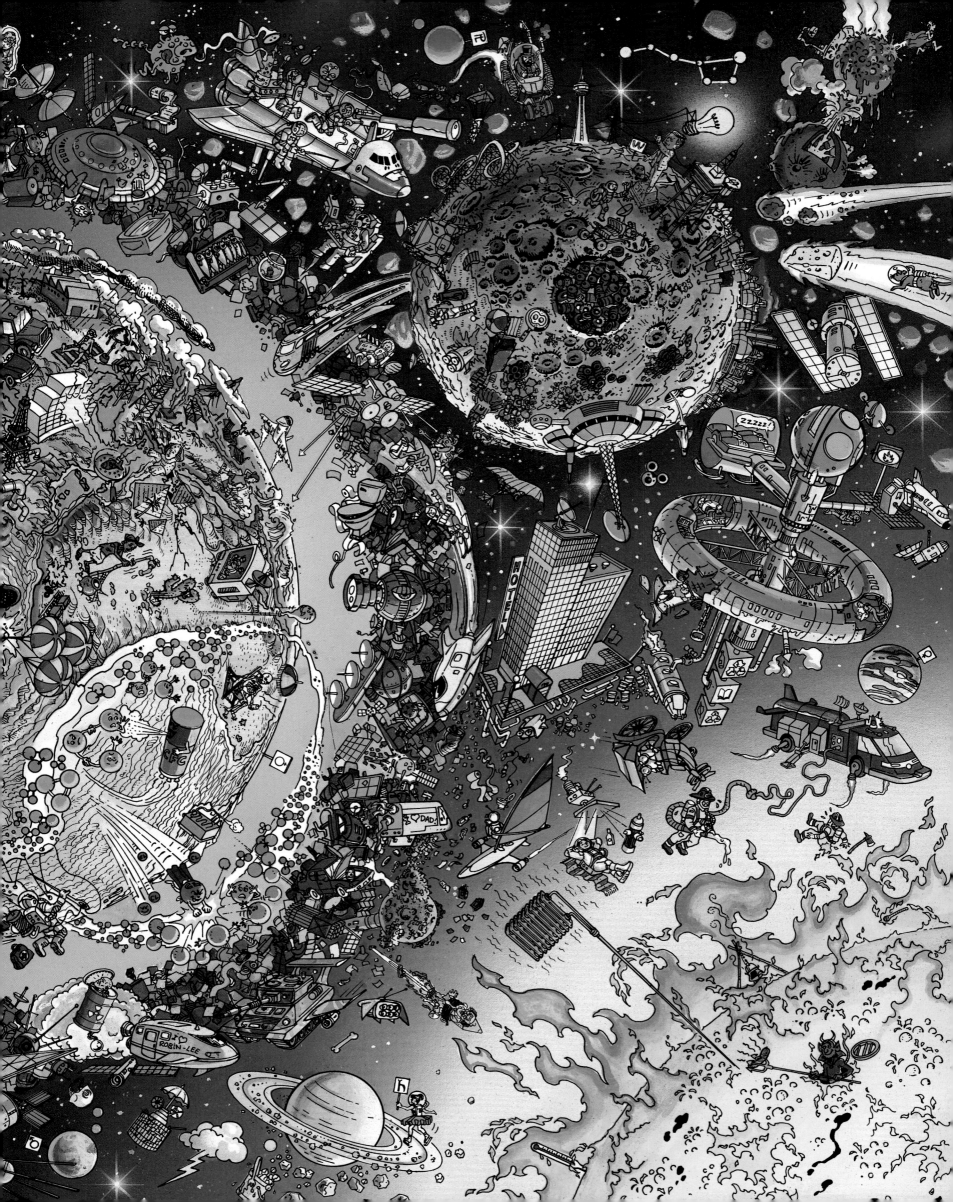

UNE QUALITÉ DE VIE...
DÈS AUJOURD'HUI

Se donner à soi-même les moyens de réussir pour que tous, par ailleurs, en profitent, tel est le premier pas vers un monde meilleur. Le partage des richesses et le respect de l'environnement sont les conditions primordiales d'une meilleure qualité de vie pour tous. Et n'oublions jamais que nos réalisations d'aujourd'hui seront l'héritage des générations de demain.

NOTRE MONDE

Tout au long de ce voyage, tu as pu te rendre compte des nombreux problèmes qui existent **AUTOUR DU MONDE**. En répondant au questionnaire, à l'aide de cette carte illustrée et de la carte géographique placée à la fin du livre, tu pourras identifier les pays et les villes où se situent ces problèmes et ainsi... en apprendre plus!

Avec l'aide de Cristalle, je t'ai préparé le compte rendu essentiel de ce voyage. Coche dans les cases ci-dessous les éléments que tu auras trouvés dans les tableaux des pages précédentes selon le thème abordé. Et amuse-toi à trouver d'autres éléments...

REPÉRAGE DANS LES TABLEAUX

LES CAMPAGNES

- ❏ Un lac contaminé par les pluies acides
- ❏ Une usine d'extraction qui détruit le paysage
- ❏ Le nombre d'utilisateurs d'engrais chimiques
- ❏ Une ferme biologique
- ❏ Trois amas de déchets sur le terrain de camping
- ❏ Un bunker de lapins
- ❏ Un braconnier dans un parc national
- ❏ Le tireur de canard fou
- ❏ La nappe phréatique contaminée
- ❏ La poule mutante
- ❏ Les dynamiteurs de la digue des castors
- ❏ Celui qui déverse de l'essence dans un cours d'eau

- ❏ Le bourreau d'animaux
- ❏ Le nombre de scouts amis de la nature
- ❏ Le vétérinaire
- ❏ Un pyromane
- ❏ Le nombre d'ours bruns
- ❏ Le rejet de purin de porc
- ❏ La nappe phréatique
- ❏ Le chasseur pris au piège
- ❏ Le compost
- ❏ Celui qui tient un panier de recyclage
- ☆ Robin des bois
- ☆ Le peintre Van Gogh

LA MER ET LE LITTORAL

- ❏ Le plancton
- ❏ La baleine prise
- ❏ Le nombre de canards asphyxiés
- ❏ Un dépôt radioactif
- ❏ Le bateau incinérateur
- ❏ Le nombre de tortues
- ❏ Un aspirateur aquatique
- ❏ Le nombre de baigneurs imprudents qui mangent
- ❏ Un baigneur qui abuse des rayons U.V.
- ❏ Le chien-poisson
- ❏ La limite territoriale de la pêche
- ❏ L'homme des glaces

- ❏ Deux homards qui se serrent la pince
- ❏ Le nombre de poissons-outils
- ❏ Deux écolos trop audacieux
- ❏ La pieuvre amoureuse
- ❏ La perle rare
- ❏ Un marcheur en danger de mort
- ❏ Un requin qui nage sur le dos
- ❏ Le peintre et le sculpteur
- ❏ J.P., l'ami des flamants roses
- ☆ Clark Gable
- ☆ Le magicien Houdini
- ☆ Brigitte Bardot et les bébés phoques

LES PAYS EN VOIE DE DÉVELOPPEMENT

- ❏ Les restes de la forêt détruite
- ❏ Un puits d'eau
- ❏ Un mordu de la télévision
- ❏ Le tireur de charrette
- ❏ Un enfant qui pleure en triant les ordures
- ❏ Le nombre de mendiants actifs
- ❏ L'écolier puni
- ❏ Une demeure insalubre et surpeuplée d'enfants
- ❏ Un chien qui vole des saucisses
- ❏ Le coiffeur mal branché
- ❏ Un taxi chinois
- ❏ Des enfants assoiffés de lait

- ❏ Deux potagers sur terrasse
- ❏ La boucherie malsaine
- ❏ Le commerçant de ferraille astucieux
- ❏ L'horloger ambulant
- ❏ Le dernier enclos de terre agricole
- ❏ Le pantalon pris dans le ciment
- ❏ Une jeune fille qui écrit une lettre d'amour
- ❏ Deux moyens pour éviter de gaspiller l'eau
- ❏ Une dizaine de paysans venus vendre leurs récoltes
- ☆ Un danseur
- ☆ Peter Ustinov
- ☆ Johnny Hallyday et sa Harley Davidson

FAIM ET SURPOPULATION

- ❏ Un centre de vaccination de la Croix-Rouge
- ❏ Des biens parachutés qui ne répondent pas aux besoins
- ❏ Une inondation causée par l'érosion des sols
- ❏ Une réserve d'eau presque asséchée
- ❏ Le campement de «réfugiés écologiques»
- ❏ Le nombre de voitures qui font le rallye Paris-Dakar
- ❏ Celui qui prend un chien pour un poulet
- ❏ Un igloo en Afrique
- ❏ Le mirage d'une pompe à essence
- ❏ Un aéroport improvisé pour les désespérés
- ❏ Le nombre de panneaux de signalisation
- ❏ Un blessé volontaire

- ❏ Le sorcier furieux
- ❏ La hutte du chef de tribu
- ❏ Les quatres frères travailleurs
- ❏ Les réfugiés clandestins
- ❏ Le nombre de radeaux de réfugiés
- ❏ Le scorpion boxeur
- ❏ Un système d'irrigation abandonné
- ❏ Le chasseur dans les sables mouvants
- ❏ L'homme qui plante et arrose des arbres
- ☆ Patrick Bruel avec un sac de riz
- ☆ La Somalienne Iman
- ☆ Mère Teresa, prix Nobel de la paix en 1979

ARMES ET GUERRE

- ❏ Une usine d'armes chimiques camouflée
- ❏ Le nombre de jeux violents pour enfants
- ❏ La fille sacrifiée
- ❏ Une peau de banane très dangereuse
- ❏ Le missile inoffensif
- ❏ Le nombre de chars d'assaut
- ❏ Deux bombes à retardement
- ❏ Sept espions
- ❏ Un chevalier pris au piège
- ❏ Un samouraï
- ❏ Dix canons et lance-roquettes
- ❏ Le nombre de casques et d'armes antiques enfouis
- ❏ L'avion Stealth F-117A invisible au radar
- ❏ Le paysan guerrier
- ❏ Un médecin qui soigne des armes
- ❏ Un barrage détruit
- ❏ Un voleur de missile
- ❏ Deux femmes de ménage
- ❏ L'avion Harrier à décollage vertical
- ❏ Le déserteur
- ☆ Jules César
- ☆ Napoléon Bonaparte
- ☆ Le général Charles de Gaulle
- ☆ Le général Norman Schwarzkopf

L'ÉNERGIE

- ❏ Une usine nucléaire dangereuse
- ❏ Un puits de pétrole en flammes
- ❏ Trois centrales électriques différentes
- ❏ Trois sources d'énergie sonore
- ❏ La ferme de culture biologique
- ❏ Site d'énergie éolienne
- ❏ Un homme pilule
- ❏ Deux véhicules mûs par l'énergie humaine
- ❏ Une voiture solaire
- ❏ L'usine de charbon
- ❏ Une maison solaire bien isolée
- ❏ Le nombre de poissons-volants
- ❏ Le nombre de tapis volants
- ❏ La première découverte énergétique de l'homme
- ❏ Une usine et une station de carburant végétal
- ❏ Les appareils de détection des vents
- ❏ Les pirates de l'uranium
- ❏ Le four solaire
- ❏ Sept sources d'énergie alimentaire
- ❏ Une personne transformée en grenouille
- ❏ Un voleur d'idées
- ❏ L'usine géothermique
- ☆ Isaac Newton
- ☆ Léonard de Vinci

L'ESPACE

- ❏ Le trou dans la couche d'ozone
- ❏ Une usine de recyclage spatiale
- ❏ Une planète qui se fait exploiter
- ❏ Un hôtel de l'espace
- ❏ Un dépotoir sur la lune
- ❏ Une publicité spatiale
- ❏ La fusée Ariane
- ❏ L'effet de serre et ses conséquences
- ❏ Deux désastres naturels
- ❏ Un thermomètre solaire
- ❏ L'île de Pâques
- ❏ Les constellations : la Grande Ourse, la Petite Ourse, le Crabe et le Triangle
- ❏ Les neufs planètes du système solaire
- ❏ Le Triangle des Bermudes
- ❏ Spoutnik, le premier satellite lancé dans l'espace
- ❏ Une arche de Noé futuriste
- ❏ Une émission de télé en direct de l'espace
- ❏ La navette spatiale américaine
- ❏ Un satellite météorologique
- ❏ Le trou noir et le trou bouché
- ❏ Le mont Everest
- ☆ Le grand farceur Marcel Béliveau
- ☆ Le physicien Galilée
- ☆ Le monument de John F. Kennedy

UNE QUALITÉ DE VIE... DÈS AUJOURD'HUI

- ❏ Le recyclage d'huile
- ❏ Trois moyens de transport en commun populaires
- ❏ Le covoiturage dans un véhicule solaire
- ❏ La famille de nouveaux immigrants
- ❏ Un lieu de retraite spirituelle
- ❏ Un enfant qui prend soin de grand-maman
- ❏ Le faux cheval
- ❏ Le pont piétonnier
- ❏ Une souris qui déménage
- ❏ Le magasin d'artisanat
- ❏ Les enfants qui plantent un arbre
- ❏ Le cycliste qui a oublié son casque
- ❏ Trois moyens d'utiliser l'eau avec modération
- ❏ Le nombre de ballons
- ❏ Le fumeur arrosé
- ❏ Une zone industrielle bien aménagée
- ❏ Le nombre de tortues portant un symbole
- ❏ Le nombre de canards en bois égarés
- ❏ Une récolte de fonds pour les amis de la nature
- ❏ Une réserve naturelle protégée pour les animaux
- ☆ Le Dalaï-Lama
- ☆ L'humoriste Coluche
- ☆ Le poète Gilles Vignault
- ☆ Le président et saxophoniste Bill Clinton

RETROUVE CES PERSONNAGES DANS CHAQUE TABLEAU

1 Le Concorde
2 Le savant fou
3 Le petit génie
4 Joe, le pollueur
5 La somnambule
6 Le taxi jaune
7 Cristalle, l'écologiste
8 Le vieil hippie
9 Le bébé en péril
10 Le Yéti
11 Le détective
12 La bagnard évadé

À partir de la carte illustrée **Notre monde** et de la carte géographique placée à la fin du livre, réponds aux questions que Cristalle et moi avons recuillies!

Et n'oublie pas de consulter le lexique que nous t'avons préparé à la page suivante!

QUESTIONNAIRE

NOTRE MONDE

1 Où l'inflation bat-elle des records?

2 Où se situe dans la couche d'ozone le trou provoqué par le chlore issu des composés de C.F.C.?

3 Repère 3 pays utilisant des produits à base de C.F.C.

4 Quatre pays contribuent à l'effet de serre par l'émission abondante de gaz carbonique (CO_2) ou de méthane (CH_4). Lesquels?

5 Par quels moyens se protège-t-on des rayons ultra-violets?

6 Qu'est-ce qui terrorise les Inuit et les animaux au Labrador?

7 Repère le pays où un homme défia un char de combat.

8 À partir de quelles plantes produit-on des carburants propres? Dans quels pays?

9 Trouve un pays ravagé par 15 ans de guerre civile

10 Où les grandes puissances mondiales effectuent-elles leurs tests nucléaires?

11 Où se trouve la plus grande centrale solaire du monde?

12 Où sont regroupées 90% des fermes éoliennes des États-Unis?

13 Quelle région possède la plus grande réserve de pétrole du monde?

14 Repère l'ouvrier agricole qui vaporise des pesticides.

15 De quel combustible fossile les États-Unis et la Grande-Bretagne tirent-ils 50% de eur électricité?

16 Repère un des quartiers les plus pauvres dans le pays le plus riche du monde.

17 Devant quel monument célèbre se trouve le roi de Belgique, Baudouin 1er?

18 Dans quelle ville eut lieu l'explosion d'un réacteur nucléaire en 1986?

19 Trouve la tribu la plus isolée du monde menacée par l'industrie pétrolière.

20 Repère le barrage vert contre le désert.

21 Quel fabricant a un projet d'automobile entièrement recyclable?

22 Quelle femme célèbre avait dit : «La pauvreté est la pire forme de pollution»?

23 Dans quel pays les centrales nucléaires fournissent-elles 70% de l'électricité?

24 Où se trouve le pipeline long de 1300 km et construit sur pilotis?

25 Repère deux casques bleus.

26 Où utilise-t-on depuis 2000 ans une méthode d'irrigation ancestrale?

27 Trouve trois pays où furent utilisées des armes chimiques.

28 Quel pays détient le record de croissance démographique?

29 Les enfants y sont victimes de guerre et de famine. De quel pays s'agit-il?

30 À quoi sert une grande partie des terrains déboisés en Amazonie?

31 Trouve un des pays d'Asie qui connaît un accroissement de sa productivité agricole.

32 Que prévoyait le protocole de Montréal de 1987?

33 Où sont posées les deux bombes à retardement?

34 Combien y a-t-il de crocodiles gonflables?

35 Quel est le premier consommateur et importateur de pétrole au monde?

36 Qui furent les premiers hommes à atteindre le pôle Sud?

37 Retrouve «Sitting Bull»

38 Quelles villes ont subi les premiers bombardements atomiques?

39 Repère le passage pour animaux aménagé sous le réseau routier.

40 Où trouve-t-on des armes et des sous-marins à bon marché?

41 Où les femmes s'occupent-elles des travaux agricoles?

42 Qui sont les pionniers de la transformation des déchets en une source de nourriture?

43 Combien d'embarcations de réfugiés ou de déportés peux-tu repérer?

44 À quel endroit procède-t-on à l'extraction d'un minerai de fond de mer?

45 Quel type de mine affecte les caribous? Où se trouve-t-elle?

46 Repère une installation de capteurs solaires.

47 Trouve deux bases de lancement spatial.

48 Où aboutissent les déchets dangereux américains ?

49 Au cours du prochain siècle, quel pays verra sa population atteindre 1,5 milliard?

50 Trouve deux pays favorisant les déplacements en bicyclette.

51 Où pratique-t-on une forme traditionnelle d'agriculture saine?

52 Combien y-a-t-il d'avions militaires et de reconnaissance?

53 Où et quand l'O.N.U. a-t-elle organisé la première conférence internationale sur l'environnement?

54 Repère une mine dévastatrice du paysage.

55 Où se trouvent les installations nucléaires défectueuses?

56 Trouve deux pays pauvres où l'on pratique le recyclage.

57 Trouve la plus inovatrice et la plus propre des technologies.

58 Le bois, principale source d'énergie de ce pays, s'y fait rare. De quel pays s'agit-il?

59 Où se trouvait le mur démoli qui séparait une ville en deux?

60 Dans quel pays, ravagé par la famine en 1984, se trouve le camp de réfugiés?

61 Combien de bombes et de missiles lancés trouves-tu?

62 Quelle guerre a mené à un grand désastre écologique causé par le pétrole?

RÉPONSES

1 À Moscou (Russie)

2 Au-dessus de l'Antarctique

3 E.-U., Russie, Japon

4 Japon, Chine, Indonésie, E.-U.

5 Chapeaux, crèmes, huiles et lunettes solaires

6 Les vols à basse altitude des avions de l'OTAN

7 La Chine

8 Maïs (E.-U.); tournesol (Brésil)

9 Le Liban

10 Les E.-U. et la G.-B., au Nevada; l'ex-URSS, en Nouvelle-Zemble; la Chine, au Lob Nor; l'Inde, au Rajasthân

11 En Californie, dans le désert Mohave (E.-U.).

12 En Californie

13 Le Proche-Orient

14 En Thaïlande

15 Le charbon

16 Harlem, à New York

17 «L'Atomium», au parc Laeken, à Bruxelles

18 Tchernobyl (Ukraine)

19 Tribu Waorani de l'Équateur

20 En Mauritanie

21 Mercedes-Benz (Allemagne)

22 Indira Gandhi (Inde)

23 En France

24 En Alaska

25 En Bosnie-Herzégovine et en Somalie

26 Sur les bords du Nil (Égypte)

27 Le Tchad, le Viêt-nam et l'Afghanistan

28 Le Rwanda

29 La Somalie

30 Pistes d'atterrissage au Rondonia et au Mato Grosso

31 L'Indonésie

32 La réduction de la consommation de C.F.C. dans les 28 pays signataires

33 En Colombie et en Inde

34 Dix

35 Les États-Unis

36 R. Amundsen (Norvège), 1911; R. Scott (G.-B.), 1912

37 Chef indien (E.-U.)

38 Hiroshima et Nagasaki

39 Le parc écologique William Curtis à Londres (G.-B.)

40 En Russie

41 Au Népal

42 Les pêcheurs locaux dans les égouts de Calcutta (Inde)

43 Sept

44 Aux îles Fidji (par dragage)

45 Mine d'uranium, en Saskatchewan (Canada)

46 En Australie

47 En Russie et en Chine

48 Dans des incinérateurs, au Canada

49 La Chine

50 Le Canada et la Chine

51 Dans la communauté Amish aux E.-U.

52 Onze

53 À Stockholm (Suède), en 1972

54 Mine de cuivre au Pérou

55 En ex-URSS

56 Au Bangladesh et aux Philippines

57 Les microprocesseurs, en Californie

58 Le Mali

59 À Berlin (Allemagne)

60 En Éthiopie

61 Seize

62 La guerre du Golfe

LEXIQUE SUR L'ENVIRONNEMENT

ARMES CHIMIQUES
Le gaz moutarde et les gaz innervants ou asphyxiants sont parmi les armes chimiques souvent utilisées durant les guerres ou contre les populations. Ces armes peuvent être désastreuses pour l'environnement, la nappe phréatique, les cours d'eau, les animaux et les récoltes.

BRACONNAGE
Chasse ou pêche sans permis, ou durant une période interdite, ou en un lieu privé ou protégé.

CARBURANTS PROPRES OU VÉGÉTAUX
Carburants obtenus à partir de plantes et moins polluants que l'essence. Parmi eux : le méthanol (à partir du bois), l'éthanol (à partir de la canne à sucre ou du maïs) et même, l'huile végétale (à partir des graines de tournesol ou de soja).

CENTRALE SOLAIRE
Centrale électrique utilisant des miroirs qui captent la chaleur du soleil et qui la renvoient vers une chaudière, permettant ainsi la transformation de l'eau en vapeur qui, elle, actionne la turbine.

C.F.C.
Ce sont des gaz utilisés dans les bombes aérosols, les réfrigérateurs, les climatiseurs et les mousses isolantes. Lorsqu'ils montent dans la stratosphère, ils se décomposent et le chlore qui en est ainsi issu provoque la destruction de la couche d'ozone.

DÉBOISEMENT
Les principales causes du déboisement sont le défrichement, les incendies de forêt, les exploitations abusives et la sécheresse. Ses conséquences sont l'érosion du sol, l'absence de couverture végétale, le ruissellement des eaux de pluie qui entraîne la terre fertile vers les rivières.

DÉCHETS
Les déchets peuvent être industriels, commerciaux, domestiques, agricoles ou radioactifs. Les déchets urbains sont les ordures ménagères et les eaux d'égout. Les déchets radioactifs sont les matières radioactives inutilisables après le traitement de matériaux radioactifs.

DÉSERTIFICATION
C'est la transformation d'une région relativement humide en désert. Elle se produit par une aridité croissante du climat ou par l'appauvrissement des sols sous l'influence de l'homme.

ÉCOLOGIE
C'est la science qui étudie les rapports des êtres vivants avec la nature et l'environnement.

EFFET DE SERRE
C'est le réchauffement de l'atmosphère terrestre causé par l'accroissement du gaz carbonique dans l'air provoqué par l'utilisation de combustibles fossiles (le charbon, le pétrole) et par la destruction des forêts. Cela crée autour de la Terre un espace clos qui, comme une serre, retient la chaleur. Les conséquences en sont la sécheresse, les inondations et les modifications anormales du climat.

ÉNERGIE ÉOLIENNE
Énergie produite par le vent et captée par une éolienne (grande roue métallique à pales au sommet d'un pylône) ou par les moulins à vent.

IRRIGATION
Dans les campagnes et les régions arides, distribution artificielle de l'eau nécessaire aux cultures selon diverses techniques : canaux, rigoles, barrages, etc.

NAPPE PHRÉATIQUE
C'est une nappe d'eau emmagasinée dans les roches souterraines, formée par l'infiltration des eaux de pluie dans le sol. Elle alimente des sources et des puits.

PLANCTON
Ensemble des organismes (souvent microscopiques) en suspension dans la mer ou l'eau douce. Le plancton est nécessaire aux poissons de surface et constitue la nourriture principale des espèces en eaux profondes.

POLLUTION
C'est la dégradation des différents milieux de vie (air, eau, terre) par l'introduction de substances nuisibles et de matières toxiques.

RADIOACTIVITÉ
C'est un rayonnement dangereux qui provient de certains métaux tels que l'uranium. Ces métaux sont utilisés dans les centrales atomiques afin de produire de l'électricité.

SURPOPULATION
Croissance démographique trop rapide dans certains pays du Tiers-Monde où les besoins de la population dépassent la capacité de production des terres. Conséquences : famine, déforestation, pollution de l'air, pénurie d'eau douce, etc.

TROU DANS LA COUCHE D'OZONE
Trou situé au-dessus de l'Antarctique et provoqué par diverses activités industrielles. La perte ou la diminution de l'ozone qui protège la Terre des rayons ultra-violets, aura des conséquences nocives sur le système immunitaire de l'homme, la production alimentaire et les écosystèmes.

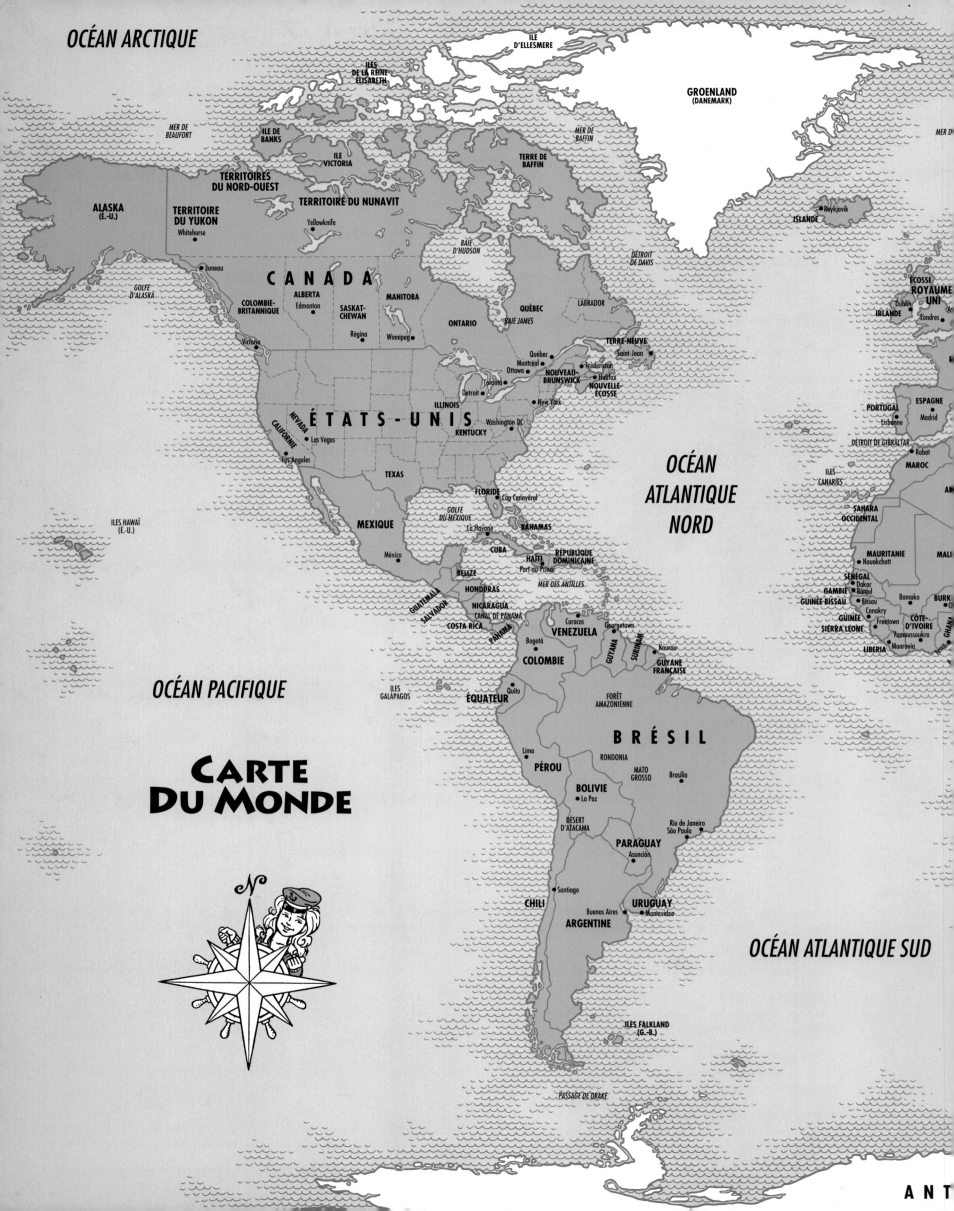

OCÉAN ARCTIQUE

ILE D'ELLESMERE

ILES DE LA REINE-ELISABETH

GROENLAND (DANEMARK)

MER DE BEAUFORT

ILE DE BANKS

ILE VICTORIA

MER DE BAFFIN

TERRE DE BAFFIN

MER D'

ALASKA (É.-U.)

TERRITOIRES DU NORD-OUEST

TERRITOIRE DU YUKON

Yellowknife

TERRITOIRE DU NUNAVIT

BAIE D'HUDSON

DÉTROIT DE DAVIS

ISLANDE

Reykjavík

ÉCOSSE

ROYAUME UNI

Whitehorse

Juneau

CANADA

Dublin

IRLANDE

Londres

GOLFE D'ALASKA

COLOMBIE-BRITANNIQUE

ALBERTA

Edmonton

SASKAT-CHEWAN

MANITOBA

ONTARIO

QUÉBEC

LABRADOR

BAIE JAMES

PORTUGAL

Lisbonne

ESPAGNE

Madrid

Victoria

Régina

Winnipeg

Québec

TERRE-NEUVE

Saint-Jean

Montréal

Ottawa

Fredericton

NOUVEAU-BRUNSWICK

Halifax

NOUVELLE-ÉCOSSE

DÉTROIT DE GIBRALTAR

Rabat

MAROC

Toronto

Detroit

ILLINOIS

New York

NEVADA

CALIFORNIE

ÉTATS-UNIS

Washington DC

KENTUCKY

OCÉAN ATLANTIQUE NORD

ILES CANARIES

Las Vegas

Los Angeles

SAHARA OCCIDENTAL

TEXAS

FLORIDE

Cap Canaveral

GOLFE DU MEXIQUE

MAURITANIE

Nouakchott

MALI

ILES HAWAÏ (É.-U.)

MEXIQUE

BAHAMAS

La Havane

México

CUBA

HAÏTI

Port-au-Prince

RÉPUBLIQUE DOMINICAINE

SÉNÉGAL

Dakar

GAMBIE

Banjul

Bamako

BURK

BELIZE

MER DES ANTILLES

GUINÉE BISSAU

Bissau

Conakry

GUINÉE

CÔTE D'IVOIRE

GHAN

HONDURAS

GUATEMALA

SALVADOR

NICARAGUA

CANAL DE PANAMÁ

COSTA RICA

PANAMÁ

Caracas

Georgetown

Freetown

SIERRA LEONE

Yamoussoukro

VENEZUELA

GUYANA

SURINAM

Kourou

LIBERIA

Monrovia

Bogotá

COLOMBIE

GUYANE FRANÇAISE

OCÉAN PACIFIQUE

ILES GALÁPAGOS

ÉQUATEUR

Quito

FORÊT AMAZONIENNE

Lima

PÉROU

RONDONIA

BRÉSIL

MATO GROSSO

Brasília

CARTE DU MONDE

BOLIVIE

La Paz

DÉSERT D'ATACAMA

Rio de Janeiro

São Paulo

PARAGUAY

Asunción

N

Santiago

CHILI

Buenos Aires

URUGUAY

Montevideo

ARGENTINE

OCÉAN ATLANTIQUE SUD

ILES FALKLAND (G.-B.)

PASSAGE DE DRAKE

ANT